ぼくの おつまみ 天国
パラダイス

大和書房

はじめに

はじめましての方も、そうではない方も、どうも！ぼくです！
このたびは、本書を手に取ってくださり、本当にありがとうございます。

レシピの創作活動をするようになって、早6年…
とうとう、初のおつまみ本が完成しました！わ〜〜〜い!!

もともと大のお酒好きで、よくおつまみを作っていたのですが
いざレシピ本にするとなると「これでよいのか…」とすごく悩み、
試作期間の5ヶ月間は、毎日がおつまみ三昧でした(笑)

今回の書籍は、Twitterで反響のあったレシピに加え、
半分以上が書き下ろしです！
試行錯誤を重ね、100品の美味しいおつまみを詰め込みました。

また、誰でも手軽に作っていただきたいという願いを込めて
フライパンと電子レンジで作れるレシピにして
手順も、3ステップ以内で完成するように調整してみました。

会社から帰宅後にパパッと一品作るもよし！
友達を招いておもてなしとして使うもよし！
時間がある時に下準備をして冷凍させておくもよし！
お好みの用途で使っていただけたらうれしいです。

お気に入りになる料理がありますように！

boku.

もくじ

CONTENTS

2　プロローグ
4　はじめに
8　作る前に

1章　肉（鶏・豚・牛）

 鶏

10　柔らか蒸し鶏の塩ねぎダレ
12　揚げない鶏のレモン南蛮漬け
14　レンジで鶏チャーシュー
15　チーズとろけるタッカルビ
16　ぷりぷりじゅわ〜な鶏チリ
17　ナスと鶏の辛みそ炒め
18　つるつる！よだれ水晶鶏
19　こっくり！鶏マヨ
20　レンチン5分の鶏シュウマイ

豚

21　かぶりつけ！手羽中プルダック
22　やみつき！スパイシーボーン
23　ビールで柔らか手羽トマト煮
24　しば漬けで和風なタルタル南蛮
26　豚しゃぶのキムチ和え
27　カリカリ豚肉のニラだれ
28　フライパンチャーシュー
29　包まないフライパン餃子
30　玉ねぎで柔らかスペアリブ
31　豚レバーの味噌漬け
32　炊飯器で柔らかローストビーフ
34　牛肉とキノコの赤ワイン煮込み
35　とろたましぐれ煮
36　牛肉のバター炒め
37　ぷりぷりシシ・ケバブ
38　コンビーフのハニージャーマン

牛

2章　魚介

40　自家製シーチキン
41　たこの梅カルパッチョ
42　サーモンのハニーガーリック
43　サーモンのあぶり焼き

3章 野菜

- 44 ぶりの手羽揚げ風
- 45 かつおの豆板醤漬け
- 46 クンパッポンカリー
- 47 甘えびのなめろう
- 48 牡蠣のレモンアヒージョ
- 49 牡蠣のオイル漬け
- 50 鯖味噌マーボー
- 51 鯖味噌納豆揚げ
- 52 鯖缶の和風アヒージョ
- 53 レモン香るツナパテ
- 54 あさり缶の酒蒸し風
- 55 ホタテ缶の酸辣湯
- 56 コラム① 激旨ソースの作り方
- 58 生ハムのマスタードマリネ焼き
- 60 白菜のレンジ蒸し
- 61 味のりブロッコリー
- 62 もちもち大根モチ
- 63 じゅわウマ大根揚げ
- 64 新じゃがのバター甘味噌
- 65 レンチンかぼちゃ甘サラダ

4章 卵・豆腐・チーズ

卵

- 66 しいたけの照り焼き
- 67 豆苗カルボナーラ
- 68 お好み野菜のにんにく醤油和え
- 69 ピリ辛キャベツ
- 70 アボカドとみょうがの和え物
- 71 ピーマンのまるまる煮
- 72 枝豆のバター醤油焼き
- 73 枝豆のピリ辛醤油漬け
- 74 油揚げの納豆味噌焼き
- 75 臭みゼロ！煎り蒟蒻
- 76 するめたまこん
- 78 ふわふわだし巻き卵
- 79 トマトソースの目玉焼き
- 80 ジャーマンポテサラ
- 81 ふんわり卵のアボカド炒め
- 82 フライドエッグ
- 83 長芋と卵のふわふわ焼き
- 84 巣ごもりキャベツサラダ
- 85 ごま味噌味玉

豆腐

- 86 ピリ辛ねぎラー油豆腐

- 87 ねばうまだし豆腐
- 88 豆腐でとろける鶏つくね煮
- 89 ジャンマヨ豆腐ステーキ
- 90 豆腐のふわふわ蒸し
- 91 チーズ豆腐
- 92 BCT（ベーコン・チーズ・トマト）アヒージョ
- 93 モッツァレラミルフィーユ鍋
- 94 レンチンチーズせんべい
- 95 ガリチーキャベツ
- 96 めちゃ旨バジルチーズ
- 97 モッツァレラの醤油漬け
- 98 コラム② お手軽！冷凍調理おつまみ

5章 〆

- 102 とうもろこしごはん
- 103 和のガパオライス
- 104 ツナと練りごまの冷や汁
- 105 ガーリックチャーハン
- 106 梅味噌焼きおにぎり
- 107 生姜の佃煮茶漬け
- 108 坦々油そば
- 109 アンチョビ焼きそば
- 110 チンジャオかた焼きそば
- 111 旨辛つけ蕎麦
- 112 薄焼きピザ

6章 菓子

- 114 ザクザクスパイシービスコッティー
- 116 オレンジブラウニー
- 117 大人のフルーツパンチ
- 118 ラムキャラメルのフレンチトースト
- 119 ティラミスアフォガート
- 120 5分でできるお好みラスク
- 121 ホワイトチョコサラミ
- 122 ラムレーズン羊羹
- 123 ブランデーボール
- 124 メープルスパイシーナッツ
- 125 コラム③ 食感が楽しい超速おつまみ
- 126 エピローグ

1章 CHAPTER 1

Chicken
Pork
Beef

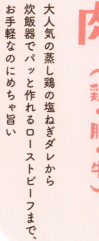

肉（鶏・豚・牛）

大人気の蒸し鶏の塩ねぎダレから炊飯器でパッと作れるローストビーフまで、お手軽なのにめちゃ旨い肉料理25品をガツンとご紹介！

柔らか蒸し鶏の塩ねぎダレ

1 まずは、
鶏むね肉に塩こしょうをしたら、耐熱袋に入れて空気を抜く

2 つぎに、
鍋に半分ほどの水を入れて沸騰させたら①を入れてフタをし、弱火で3分茹でてすぐに火を消す。そのまま冷めるまで待つ

3 さいごに、
②の肉をカットし、Aを合わせたソースと、お好みでラー油をかける

ラー油が合う！

材料（2人分）

鶏むね肉 … 1枚
塩こしょう … 少々

A
- 長ねぎ（みじん切り）… 3/4本
- にんにく（すりおろし）… 小さじ1
- 塩 … 小さじ1/4
- 黒こしょう … 少々
- 鶏がらスープの素 … 小さじ1
- ごま油 … 大さじ1
- レモン汁 … 小さじ1

ラー油 … お好みで

お好みでレモン汁を小さじ1/2にして酸味を減らしても！

一言メモ ▶ ねぎダレはカリカリに揚げた鶏皮や豆腐なんかにかけても◎

揚げない鶏のレモン南蛮漬け

1 まずは、
保存袋にAを入れ、タレを作っておく

2 つぎに、
鶏もも肉にBをまぶし、フライパンで焼く

3 さいごに、
1の保存袋に2の肉とCを入れ、冷蔵庫で半日休ませる

材料(2人分)

A
- 醤油 … 大さじ2
- 砂糖 … 大さじ1
- 酢 … 大さじ1
- 和風だしの素 … 小さじ1/2
- レモン汁 … 大さじ1

鶏もも肉(一口サイズ) … 1枚

B
- 塩こしょう … 少々
- 片栗粉 … 適量

C
- セロリ(スライス) … 1/3本
- 玉ねぎ(スライス) … 1/3個
- 赤パプリカ(スライス) … 1/3個
- 黄パプリカ(スライス) … 1/3個
- レモン(スライス) … 3枚
- にんにく(スライス) … 1/2片

> 一言メモ 酢を減らしてレモンを加える事で、さわやかな南蛮漬けに！鮭や鯵でも美味しいよ

レンジで鶏チャーシュー

材料(2人分)

- 鶏もも肉 … 1枚
- 醤油 … 大さじ3
- 砂糖 … 大さじ1と1/2
- 酒 … 大さじ2
- 酢 … 大さじ1/2
- 生姜(すりおろし) … 小さじ1
- にんにく(すりおろし) … 小さじ1

> 鶏もも肉は、フォークでブスブス穴をあけ、くるくる巻いてたこ糸で縛っておこう!

> 穴をあけることで味が染み込みやすくなるんだ!

1 まずは、
耐熱の大きい器に全ての材料を入れラップをせずに、500Wで3分レンジ加熱する

2 つぎに、
肉を裏返し、500Wで3分レンジ加熱する

3 さいごに、
保存袋に煮汁ごと入れて、20分味をなじませる

一言メモ 煮汁に片栗粉小さじ1を加えフライパンで加熱してタレを作れば更にンまい〜っ

チーズとろけるタッカルビ

材料(2人分)

A
- 鶏もも肉(一口サイズ) … 1枚
- にんじん(短冊切り) … 1本
- キャベツ(ざく切り) … 1/6個
- 玉ねぎ(短冊切り) … 1/2個
- しめじ … 1/2株
- ニラ … 1束

B
- 醤油 … 大さじ1
- みりん … 大さじ1と1/2
- 酒 … 大さじ2
- 鶏がらスープの素 … 小さじ2
- コチュジャン … 大さじ2
- にんにく(すりおろし) … 小さじ1

ピザ用チーズ … 150g

1 まずは、
フライパンに油をひき、中火で**A**を炒める

2 つぎに、
材料に火が通ったら**B**を加え、煮詰めていく

3 さいごに、
火力を弱火にしたら真ん中をあけ、ピザ用チーズを溶かす

一言メモ　キムチを足してもンンンまい〜！倍量をホットプレートで作ればパーティレシピにも◎

ぷりぷりじゅわ～な鶏チリ

材料(2人分)

鶏もも肉(一口サイズ) … 1枚
塩こしょう … 少々
片栗粉 … 適量

A［
にんにく(みじん切り) … 1片
長ねぎ(みじん切り) … 1/2本
］

B［
醤油 … 小さじ1
砂糖 … 小さじ1
酒 … 大さじ2
鶏がらスープの素 … 小さじ1/2
ケチャップ … 大さじ3
豆板醤 … 小さじ1/2～1
水 … 大さじ2
］

1 まずは、
鶏もも肉に塩こしょうをし、片栗粉をまぶしたら油をひいたフライパンで焼く

2 つぎに、
Aを加えて、更に炒める

3 さいごに、
材料に火が通ったらBを加え、タレを絡める

一言メモ 鶏肉に片栗粉をまぶすことでぷりぷり食感に！タレにも自然ととろみがつくよ

ナスと鶏の辛みそ炒め

材料(2人分)

鶏もも肉(一口サイズ) … 1枚
塩こしょう … 少々
片栗粉 … 少々

A
- ナス(半月切り) … 2本
- ピーマン(ざく切り) … 2個
- にんにく(刻む) … 1片

B
- 赤味噌 … 大さじ2
- みりん … 大さじ2
- 砂糖 … 小さじ1と1/2
- 酒 … 大さじ1
- 豆板醤 … 小さじ2/3

1 まずは、
鶏もも肉に塩こしょうをして片栗粉をまぶし、フライパンで焼く

2 つぎに、
1にAを加え、更に炒める

3 さいごに、
具材に火が通ったらBを加えて炒め、全体にタレを絡ませる

一言メモ　もっと辛くしたい方は、七味唐辛子をかけて召し上がれ〜!（ぼくが辛党なだけ…?)

つるつる！よだれ水晶鶏

材料(2人分)

鶏むね肉(削ぎ切り) … 1枚
塩こしょう … 少々
片栗粉 … 適量

A
- 醤油 … 大さじ2
- 砂糖 … 大さじ1
- 黒酢(酢でも) … 大さじ1
- ラー油 … 小さじ1
- 生姜(すりおろし) … 小さじ1
- にんにく(すりおろし) … 小さじ1
- すりごま … 大さじ1

もやし … 1袋
ピーナッツ(刻む) … お好みで
ねぎ(白髪ねぎ) … お好みで

1 まずは、
鶏むね肉に塩こしょうをしたら、片栗粉をまぶす

2 つぎに、
鍋に湯を沸かし、1の鶏肉を入れてくっつかないように茹でたら、冷水で冷やす

3 さいごに、
皿に茹でたもやし、2の鶏肉を盛り付け、Aを混ぜたタレをかける。お好みでピーナッツとねぎをのせる

一言メモ　夏にピッタリの水晶鶏！ごまダレ＋ラー油をかけるだけでもお手軽おつまみになるよ

こっくり！鶏マヨ

材料 (2人分)

- 鶏むね肉（一口サイズ）… 1枚
- 塩こしょう … 少々
- 片栗粉 … 適量
- A
  - 味噌 … 大さじ1
  - マヨネーズ … 大さじ3
  - 練乳 … 大さじ1/2
  - にんにく（すりおろし）… 小さじ1
- レタス … 2〜3枚

① まずは、
鶏むね肉に塩こしょうをして片栗粉をまぶし、フライパンで焼く

② つぎに、
ボウルにAを入れてよく混ぜたら、①の肉を加えてあえる

③ さいごに、
レタスを敷いた皿に②を盛り付ける

練乳のおかげでコクのあるンンンまいマヨソースに！

一言メモ　片栗粉のおかげでプリップリな仕上がりに！もちろんエビで作っても◎

レンチン5分の鶏シュウマイ

材料(2人分)

- A
  - 鶏ひき肉 … 150g
  - れんこん(みじん切り) … 50g
  - ねぎ(みじん切り) … 1/4本
  - ザーサイ(みじん切り) … 40g
  - 醤油 … 小さじ1
  - 酒 … 大さじ1/2
  - 鶏がらスープの素 … 小さじ1
  - ごま油 … 小さじ1/2
  - 片栗粉 … 大さじ1/2
  - 生姜(すりおろし) … 小さじ1
- シュウマイの皮 … 10枚
- キャベツ(千切り) … 適量

1 まずは、
ボウルにAを入れてよく混ぜる

2 つぎに、
耐熱の平皿に千切りキャベツを敷いたら、10等分して丸めた1のタネを、互いにくっつかないように並べる

3 さいごに、
タネに濡らしたシュウマイの皮をかぶせ、上から濡らしたキッチンペーパーをのせる。ふわっとラップをして、500Wで5分レンジ加熱する

一言メモ ▶ 豚肉で作ってもンンンまい〜! からしをつけて召し上がれ

かぶりつけ！手羽中プルダック

材料 (2〜3人分)

- A
  - 手羽中 … 10本
  - コチュジャン … 大さじ2
  - 醤油 … 大さじ1
  - 砂糖 … 小さじ2
  - ごま油 … 大さじ1/2
  - 生姜(すりおろし) … 小さじ1
- にんにく(すりおろし) … 小さじ1
- 酒 … 大さじ2
- 白ごま … 大さじ1

1 まずは、
保存袋にAを入れて揉んだら、冷蔵庫に入れて30分休ませる

2 つぎに、
フライパンに油をひき、1を入れて中火で表面を焼く

3 さいごに、
2に酒を加えフタをして弱火で2分蒸し焼きにしたらタレを煮詰め、白ごまを振る

一言メモ｜鶏もも肉で作っても美味しい！あ…あれ…?? その方が手も汚れなくていいんじゃ…

やみつき！スパイシーボーン

材料 (2〜3人分)

A
- 手羽中 … 12本
- 塩 … 小さじ1/2
- ナツメグ … 小さじ1/4
- シナモン … 小さじ1/4
- クローブ … 小さじ1/4
- 黒こしょう … 少々

B
- 小麦粉 … 大さじ3
- ナツメグ … 小さじ1/4

油 … 適量

1 まずは、
保存袋にAを入れて揉み、冷蔵庫で1時間休ませる

2 つぎに、
Bを混ぜた粉を1にまぶす

3 さいごに、
フライパンに油を入れ、170℃で2を揚げる

一言メモ　フライパンに少なめの油を入れて揚げ焼きにすれば楽チン♪

ビールで柔らか手羽トマト煮

材料(2～3人分)

手羽元 … 8本

A
- 玉ねぎ(スライス) … 1個
- にんにく(スライス) … 1片

ビール … 350ml

B
- トマト缶 … 1缶
- 豆ミックス缶 … 150g
- 粒マスタード … 大さじ1
- コンソメ … 1個
- 砂糖 … 小さじ1
- 塩 … 小さじ1/4
- クミン … 小さじ1/2

切り込み2ヶ所!

1 まずは、
手羽元に縦に包丁で、切り込みを2ヶ所入れる

2 つぎに、
油をひいた鍋でAを炒めたら1の手羽元とビールを加え、フタをして5分強火で煮る

3 さいごに、
Bを加え、フタを取った状態で弱中火で30分煮る

一言メモ ▶ ビールの効果で、肉が柔らかく仕上がる！アルコールは飛ぶのでお子様にも安心◎

しば漬けで和風なタルタル南蛮

1 まずは、
Aを混ぜてタルタルソースを作る

2 つぎに、
豚薄切り肉を重ならないように広げ、軽く塩こしょうをしたら、全体に片栗粉をまぶし、フライパンで焼く

3 さいごに、
2にBを加えてタレを絡ませたら、レタスを盛った皿の上にのせ、1のタルタルと大葉を添える

材料 (2人分)

A
- 茹で卵(みじん切り) … 1個
- 玉ねぎ(みじん切り) … 1/8個
- しば漬け(みじん切り) … 30g
- マヨネーズ … 大さじ3
- 酢 … 小さじ1
- 塩こしょう … 少々

豚薄切り肉 … 250g
塩こしょう … 少々

B
- 片栗粉 … 適量
- 醤油 … 大さじ2
- 砂糖 … 大さじ2
- 酢 … 大さじ2
- 酒 … 大さじ1

レタス(千切り) … 1/6個
大葉(千切り) … 3枚

焼いた鱈や鮭にかけてもンンンまいー！

一言メモ ピクルスの代わりにしば漬けを入れることで、和風タルタルに！

豚しゃぶのキムチ和え

材料(2人分)

- 豚薄切り肉 … 200g
- 塩こしょう … 少々
- 片栗粉 … 適量
- A
  - キムチ … 150g
  - 鶏がらスープの素 … 小さじ1/2
  - 塩 … ひとつまみ
- 白髪ねぎ … お好みで

1 まずは、
豚薄切り肉を重ならないように広げ、軽く塩こしょうをしたら、全体に片栗粉をまぶす

2 つぎに、
たっぷりの沸騰した湯で1を茹で、氷水(冷水でも)で冷やしたら水気を切る

3 さいごに、
ボウルに1とAを一緒に入れて和え、お好みで白髪ねぎをのせる

ねぎの繊維に沿って千切りして水にさらせばほら！白髪ねぎ

> 一言メモ：茹でて和えるだけだから楽チン！キムチは酸味が少ない物がおススメだよ〜

カリカリ豚肉のニラだれ

材料(2人分)

豚薄切り肉 … 250g
塩こしょう … 少々
小麦粉 … 適量

A:
- ニラ(みじん切り) … 1/2束(50g)
- 生姜(みじん切り) … 10g
- 白ごま … 大さじ1
- 醤油 … 大さじ2
- 砂糖 … 小さじ2
- 酢 … 大さじ1
- オイスターソース … 小さじ1
- ごま油 … 小さじ1

1 まずは、
豚薄切り肉を広げて塩こしょうをしたら、小麦粉を薄くまぶす

2 つぎに、
油を薄くひいたフライパンに1を重ならないように並べて高温で焼き、カリカリになったら取り出し、油を切る

3 さいごに、
皿に2を盛り付け、Aを混ぜたニラだれを上からかける

一言メモ　ラー油を加えてピリ辛にしても美味しい！ニラだれは焼いた鶏肉や豆腐にも合うよ

フライパンチャーシュー

材料 (2〜3人分)

豚ロース肉 … 400g

A:
- ねぎ(ざく切り) … 1本
- 生姜(スライス) … 1片
- にんにく(つぶす) … 1片
- 鷹の爪 … 1本
- 八角(あれば) … 1個
- 醤油 … 90cc
- ザラメ(砂糖でも) … 大さじ2
- 日本酒 … 150cc
- 水 … 400cc

1 まずは、
豚ロース肉をたこ糸で縛り、竹串で全体に穴をあける

2 つぎに、
油をひいたフライパンに1を入れ、強火で焼き色を付けたら、Aを加えて落し蓋をして弱火で1時間煮る

3 さいごに、
2が冷めたら保存袋に汁ごと入れ、冷蔵庫で半日漬ける。スライスして、お好みでからしを添える

一言メモ ▶ 八角を入れると風味がよくなり、より本格的な味わいに!

包まないフライパン餃子

材料(2〜3人分)

- A
  - 豚ひき肉 … 150g
  - エビ(みじん切り) … 150g
  - にら(みじん切り) … 1束
  - 白菜の浅漬け
    (水気を切りみじん切り) … 150g
  - 醤油 … 小さじ2
  - 砂糖 … ひとつまみ
  - 酒 … 大さじ1
  - 生姜(すりおろし) … 大さじ1
  - にんにく(すりおろし) … 1片分
  - 中華だしの素 … 小さじ1
  - ごま油 … 大さじ1
- 餃子の皮 … 18枚
- 大葉(千切り) … 6枚
- ごま油 … 適量

1 まずは、
ボウルにAを入れてよく混ぜる

2 つぎに、
フライパンに油をひき、餃子の皮を9枚敷き詰めたら①のタネをのせて大葉を散らす。更に残りの餃子の皮を9枚並べる

3 さいごに、
②に水100ccを入れてフタをし、中火で7分蒸し焼きにしたら、フタを取って水分を飛ばす。裏返してごま油を回しかけ、3分焼く

一言メモ ▶ 浅漬けからうまみが出るんだ〜っ！豚ひき肉を鶏ひき肉に代えればあっさりverに！

玉ねぎで柔らかスペアリブ

材料 (2〜3人分)

A
- スペアリブ … 400g
- 玉ねぎ（すりおろし）… 1/2個
- にんにく（すりおろし）… 2片
- 焼き肉のたれ … 100g

B
- 酒 … 大さじ2
- 水 … 大さじ3

玉ねぎの力＆蒸し焼きで
お肉がやわやわ〜！

1 まずは、
Aを保存袋に入れて揉み、冷蔵庫で1時間以上休ませる

2 つぎに、
フライパンに1とBを入れて蓋をし、中火で7分蒸し焼きにする

3 さいごに、
フタを外し、ほどよく水分がなくなるまで煮詰める

一言メモ　オーブンで焼く場合は200℃で20分ほど！焼き肉のたれと玉ねぎだけで超絶品！

豚レバーの味噌漬け

材料 (2人分)

豚レバー … 250g
牛乳 … 適量
A ┃ 味噌 … 60g
 ┃ 赤味噌 … 20g
 ┃ 砂糖 … 大さじ1と1/2
 ┃ にんにく（すりおろし） … 小さじ2
白髪ねぎ … お好みで

牛レバーでも作れるよ！

1 まずは、
保存袋に豚レバーを入れ、全体が浸るまで牛乳を注ぎ、冷蔵庫で30分休ませたら牛乳を洗い流して水気を拭き取る

2 つぎに、
1を保存袋に入れて空気を抜く。炊飯器に入れ、レバーが完全に浸るまで熱湯を注いだら、保温で1時間放置する

3 さいごに、
保存袋によく混ぜたAと2のレバーを入れて、2日間漬ける。薄くスライスし、漬けていた味噌と白髪ねぎを添える

一言メモ　低温を保ってくれる炊飯器のおかげで、しっとりした仕上がりのレバーに！

炊飯器で柔らかローストビーフ

1 まずは、
保存袋にAを入れ、空気を抜いて常温で1時間漬けたら、まいたけを取り除く

まいたけは洗い流しても！

2 つぎに、
1の肉にBをまぶし、フライパンで表面を中火で焼いたら保存袋に入れて空気を抜き、炊飯器に入れる。肉が浸るまで熱湯を注ぎ、35分間保温にしたらすぐに冷やす

3 さいごに、
小鍋にCを入れ、ひと煮立ちさせてソースを作る。2の肉を薄くスライスして、盛り付け、ソースを添える

このソースがまたウマい…

材料（2〜3人分）

A
- 牛もも肉 … 400g
- まいたけ（みじん切り） … 1パック

B
- にんにく（すりおろし） … 小さじ1
- 塩こしょう … 少々

C
- 玉ねぎ（すりおろし） … 70g
- 醤油 … 大さじ2
- みりん … 大さじ2
- 砂糖 … 小さじ1
- 酒 … 大さじ2
- レモン汁 … 大さじ1/2
- 生姜（すりおろし） … 小さじ1
- にんにく（すりおろし） … 小さじ1

肉が300gくらいなら30分保温でOK！

一言メモ　2ででた肉汁をCのソースに入れると、より旨味のあるソースになるよ！

牛肉とキノコの赤ワイン煮込み

材料(2人分)

- 赤ワイン … 100cc
- にんにく(スライス) … 1片
- 牛肉 … 200g
- 小麦粉 … 適量
- A
  - マッシュルーム(スライス) … 1パック
  - コンソメ … 1個
  - 水 … 大さじ2
  - ケチャップ … 大さじ1
  - 塩 … 少々

薄切り肉に小麦粉を
まぶすことで
柔らかお肉&とろみがつく!

1 まずは、
耐熱皿に赤ワインを入れて500Wで4分間レンジ加熱する

2 つぎに、
フライパンに油をひき、にんにくを入れて弱火で香りを出したら小麦粉をまぶした牛肉を加えて炒める

3 さいごに、
2に1の赤ワインとAを加え、味がなじむまで煮る

一言メモ 赤ワインを煮詰めてから使うことで、渋み・酸味が和らいでンンンまい仕上がりに◎

とろたましぐれ煮

材料(2人分)

A
- 生姜(千切り) … 20g
- ごぼう(スライスして水にさらす) … 1/2本
- 醤油 … 大さじ2
- みりん … 大さじ2
- 砂糖 … 小さじ4
- 酒 … 大さじ2

- 牛薄切り肉 … 150g
- 温泉卵 … 1個

温泉卵の作り方
鍋に卵がまるっと浸かるくらいの湯を沸騰させたら、火を止めて常温に戻した卵を投入!フタをして10〜12分待てば温泉卵の出来上がり

1 まずは、
手鍋にAを入れ、強火にかける

2 つぎに、
1が沸騰したら牛肉を加えて中火にし、煮汁がうっすら残るくらいまで煮詰める

3 さいごに、
2を器に盛り、温泉卵をのせる

一言メモ ▶ ごぼうは皮と実の間に旨味がた〜っぷり!できるだけ薄く剥いてね

牛肉のバター炒め

材料(2人分)

バター … 10g

A[牛薄切り肉 … 200g
  にんにく(みじん切り) … 1片

B[アスパラガス(皮をむく) … 3本
  エリンギ … 1パック

C[醤油 … 大さじ1と1/2
  みりん … 小さじ1
  塩こしょう … 少々

レモン … お好みで

1 まずは、
フライパンにバターをひいて熱したらAを加えて炒める

2 つぎに、
牛肉の色が変わってきたらBを加えて炒める

3 さいごに、
全体に火が通ったらCを加えて炒めて皿に盛り、レモンを添える

バター醤油の「こってり」にレモンの「さっぱり」が合う〜！

一言メモ ▷ 野菜はお好みのものでOK！牛肉に火を入れすぎると固くなるので注意！

ぷりぷりシシ・ケバブ

材料 (2人分)

- 牛ひき肉（牛豚合いびき肉でも）… 200g
- 玉ねぎ（すりおろし）… 1/4個
- にんにく（すりおろし）… 小さじ1
- A
  - クミン … 小さじ1/3
  - パプリカ … 小さじ1/3
  - カルダモン … 小さじ1/3
  - 塩 … 小さじ1/2
  - 黒こしょう … 少々
  - 水 … 20cc
  - 重曹 … 小さじ1/4
- 酒 … 大さじ2
- レタス … 適量
- レモン … お好みで

ケチャップをつけても美味しいよ～！

1 まずは、

Aをボウルに入れて揉み、冷蔵庫で2時間以上休ませ細長く形成する

2 つぎに、

フライパンに油をひいて①を並べる。弱火にかけて酒を加え、フタをして10分蒸し焼きにする

3 さいごに、

フタを取ったら、全体に焦げ目がつくまで焼く。レタスを敷いた皿に、肉を盛り付け、レモンを添える

一言メモ：重曹のおかげでぷりっぷりに！ただし分量を増やすと独特の風味が出ちゃうので注意！

コンビーフのハニージャーマン

材料(2人分)

じゃがいも … 1個
A[にんにく(みじん切り) … 1片
  玉ねぎ(スライス) … 1/4個]
コンビーフ … 1/2缶
B[鶏がらスープの素 … 小さじ1/2
  粒マスタード … 小さじ2
  はちみつ … 大さじ1]
塩 … 少々
黒こしょう … 少々

1 まずは、
じゃがいもは一口サイズにカットしたら500Wで3分レンジ加熱をする

2 つぎに、
油をひいたフライパンにAを入れて炒め、火が通ったら1のじゃがいもとコンビーフを加えてさらに炒める

3 さいごに、
2にBを加え、塩と黒こしょうで味を調える

実はチーズとの相性もよいんだ〜っ トローッ

一言メモ 甘いのが苦手な方ははちみつを抜いても作れるよ！

2章 CHAPTER 2
Seafood

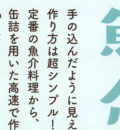

魚介

手の込んだように見えても
作り方は超シンプル！
定番の魚介料理から、
缶詰を用いた高速で作れるレシピまで、
16品が大集合〜！

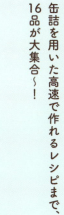

自家製シーチキン

材料(1サク分)

マグロ(切り落とし、刺身など)
　…お好きなだけ
塩…適量
A ┌ 鷹の爪…1本
　├ ローリエ(あれば)…1枚
　└ ニンニク(潰す)…3片
オリーブオイル…適量

1 まずは、
マグロの両面に適当に塩をふり15分放置したら、キッチンペーパーで水気を拭き取る

2 つぎに、
小鍋に1のマグロとAを入れ、全体が浸るまでオリーブオイルを注ぐ

3 さいごに、
2を弱火にかけ、沸騰から20〜30分煮る

塩の量はマグロの重さの1〜1.5%くらい！200gのマグロなら小さじ半分でOK

一言メモ ▷ 油ごと綺麗な容器に移して冷蔵保存すれば10日くらい持つよ！パスタに入れても◎

たこの梅カルパッチョ

材料(2人分)

新玉ねぎ(スライス) … 1/4個

A
- 梅ぼし(種を抜き叩く) … 10g
- 薄口しょうゆ … 小さじ1
- 砂糖 … 小さじ1
- 和風だしの素 … 小さじ1/4
- オリーブオイル … 大さじ1
- レモン汁 … 大さじ1

たこ(薄切り) … 150g
大葉(千切り) … 3枚

梅は塩のみで漬けてあるものを使用しているよ！

1 まずは、
新玉ねぎはスライスして水でさらしておく

2 つぎに、
器にAを入れて混ぜ、梅ソースを作っておく

3 さいごに、
皿にたこを並べ、1の玉ねぎと大葉を盛ったら、2の梅ソースを回しかける

一言メモ　かつお節をちらしても◎ タコ以外に、ホタテや白身魚の刺身でもンンンまい〜！

サーモンのハニーガーリック

材料 (2人分)

- 鮭 … 2切れ
- 塩こしょう … 少々
- 片栗粉 … 適量
- にんにく(スライス) … 2片
- アスパラ … 3本
- A
  - 醤油 … 小さじ2
  - はちみつ … 大さじ1と1/2
  - レモン汁 … 小さじ1

1 まずは、

鮭をそれぞれ3等分し、塩こしょうをしたら片栗粉をまぶす

2 つぎに、

油をひいたフライパンにんにくを入れ弱火で香りを移したら、1の鮭とアスパラを加えて焼く

3 さいごに、

具材に火が通ったらAを加え、タレを絡める

\あんなにピンクな鮭だけど 実は白身魚って知ってた?/

ええええ!

一言メモ ▷ 片栗粉をまぶすことで、鮭がふっくら仕上がるし、タレもよく絡むんだ!

魚介

サーモンのあぶり焼き

材料（2人分）

- 鮭 … 1サク
- A
  - 醤油 … 大さじ2
  - みりん … 大さじ2
  - 酒 … 大さじ2
- ごま油 … 小さじ1
- 大葉（千切り）… 3枚

漬け汁を少しかけるとより美味しく食べられるよ！

1 まずは、
油をひいたフライパンを高温に熱したら、鮭の表面が軽く焦げるようさっと焼く

2 つぎに、
小鍋に**A**を入れ、一度沸騰させて冷ます

3 さいごに、
保存袋に①と②とごま油を入れて冷蔵庫で1時間以上漬ける。スライスして皿に盛り、大葉をのせる

一言メモ　Aの材料にみりんと酒が入っているので、一度沸騰させて冷ましてから使ってね！

ぶりの手羽揚げ風

材料 (2人分)

- ぶり(切り身) … 2切れ
- 塩 … 少々
- 片栗粉 … 適量
- A
  - 醤油 … 大さじ2
  - みりん … 大さじ1と1/2
  - 砂糖 … 大さじ2
  - 酒 … 大さじ1と1/2
  - 鷹の爪 … 1本
  - にんにく(すりおろし) … 小さじ1
- 白ごま … 少々

1 まずは、

ぶりに塩を振り、15分放置したらキッチンペーパーで水分をよく拭き取る

2 つぎに、

1に片栗粉をまぶしたら、火が通るまで中温で揚げる

3 さいごに、

フライパンにAを入れて加熱し、タレを作ったら、2のぶりを投入！タレを絡ませ、ゴマを振る

ぶりって揚げても美味しいんだね!!

一言メモ　Aの調味料に漬けたぶりに片栗粉をまぶして、二度揚げしても美味しい！

かつおの豆板醤漬け

材料(2人分)

かつおのたたき … 150g

A
- 醤油 … 小さじ1
- 砂糖 … 小さじ1/2
- ごま油 … 小さじ1
- 豆板醤 … 小さじ1
- ポン酢 … 大さじ1
- にんにく(すりおろし) … 小さじ1

B
- 青ねぎ(みじん切り) … 少々
- 白ごま … 少々

お茶漬けにしても～！

1 まずは、
かつおのたたきは、一口サイズの角切りにしておく

2 つぎに、
保存袋に1のかつおのたたきとAを加えて優しく揉み、空気を抜いて冷蔵庫で1時間漬ける

3 さいごに、
2を皿に盛り、Bを振りかける

一言メモ｜上に卵黄をのせて、絡めながら食べてもンンンんまい～！

クンパッポンカリー

材料（2〜3人分）

A
- 赤えび（頭と胴体を切り離す。胴体は縦半分にカットする）… 6匹
- 唐辛子（輪切り）… 1本
- にんにく（みじん切り）… 1片

B
- 玉ねぎ（スライス）… 1/4個
- セロリ（スライス）… 1/4本

C
- カレー粉 … 大さじ1/2
- 砂糖 … 小さじ1
- 鶏がらスープの素 … 大さじ1/2
- オイスターソース … 大さじ1
- ココナッツミルク … 100cc
- 水 … 100cc

卵 … 2個

D
- 水 … 大さじ1/2
- 片栗粉 … 大さじ1/2

1 まずは、

油をひいたフライパンにAを入れ炒める。火が通ったらBを加え、野菜がしんなりするまで炒める

2 つぎに、

1にCを加えて3分弱火で煮詰める

3 さいごに、

卵にDを混ぜたものを2に回し入れる。8分目まで卵に火が通ったら、皿に盛る

一言メモ：チリインオイルがあるご家庭は小さじ2ほど加えて作れば更にンンンまい〜

甘えびのなめろう

材料(2人分)

甘えび(殻をむいた正味) … 60g

A
- 生姜(みじん切り) … 3g
- 大葉(千切り) … 2枚
- みょうが(みじん切り) … 1/2個
- 味噌 … 小さじ1
- 醤油 … 数滴

ねぎ … お好みで
わさび … お好みで

1 まずは、
甘えびはごろっとした食感が残るくらいに包丁でたたく

2 つぎに、
1にAを加え混ぜる

3 さいごに、
2を皿に盛り、お好みでねぎをのせ、わさびを添える

甘えび以外に、新鮮なイカでも作れるよ〜！焼いても旨い！

一言メモ　甘えびは塩と酒を軽く振りかけて10分ほど置き、洗ってから使うと臭みが抜けてよいよ

牡蠣のレモンアヒージョ

材料(2人分)

A［
牡蠣 … 300g
片栗粉 … 適量
］

B［
オリーブオイル … 90cc
にんにく(潰す) … 2片
鷹の爪 … 1本
ローリエ(あれば) … 1枚
］

C［
レモンスライス … 3枚
塩 … 小さじ2/3
］

最後に味見をして塩加減を調整してね！

1 まずは、
ボウルに**A**を入れて優しく揉んだら水で汚れを洗い流し、キッチンペーパーで水気を拭き取る

2 つぎに、
フライパンに**B**を入れ、弱火で香りを移したら①の牡蠣と**C**を加える

3 さいごに、
牡蠣に火が通ったら完成！塩で味を調える

一言メモ 牡蠣の代わりにホタテで作っても美味しいよ！どんどんオリジナルを楽しんで◎

牡蠣のオイル漬け

材料（2人分）

A[牡蠣 … 300g
   片栗粉 … 適量]
オリーブオイル … 適量
B[にんにく（潰す）… 1片
   鷹の爪 … 1本
   ローリエ（あれば）… 1枚]
オイスターソース … 大さじ1/2
オリーブオイル … 適量

酒のあてにサイコ～！
パスタにも合う！

1 まずは、
ボウルにAを入れて優しく揉んだら水で汚れを洗い流し、キッチンペーパーで水気を拭き取る

2 つぎに、
オリーブオイルをひいたフライパンに1の牡蠣、Bを加えて弱火で炒める

3 さいごに、
牡蠣に火が入ったらオイスターソースを加え、水分がなくなるまで炒めて容器に移す。全体が浸るまでオリーブオイルを注ぐ

一言メモ｜容器に移した後、潰した生のにんにくを加えると、更に風味がUPしてンンンまい～っ

鯖味噌マーボー

材料(2〜3人分)

A
- にんにく(みじん切り) … 1片
- 生姜(みじん切り) … 1片
- 鯖味噌煮缶 … 1缶(180g)

B
- ねぎ(みじん切り) … 1/4本
- 豆腐(さいの目切り) … 1/2丁(150g)
- 醤油 … 小さじ1
- 豆板醤 … 小さじ1
- 水 … 100cc

C
- 片栗粉 … 小さじ2
- 水 … 大さじ1

豆腐は木綿でも絹でも
お好みのものを使ってね

1 まずは、
ごま油をひいたフライパンにAを入れ弱火で香りを移したら、鯖味噌煮缶の具のみを加え、粗めに潰しながら炒める

2 つぎに、
1に鯖味噌煮缶の残り汁と、Bを加えて煮る

3 さいごに、
2の具材に火が通ったらCを混ぜたものを加え、とろみをつける

一言メモ ▶ 豆腐は、500Wで1分レンジ加熱をしてから使用すると、水っぽくならずに作れるよ!

鯖味噌納豆揚げ

材料（2〜3人分）

A [納豆 … 1パック
　　ねぎ（みじん切り）… 1/4本
鯖味噌煮缶 … 1/2缶（90g）
餃子の皮 … 13枚
油 … 適量
醤油 … お好みで
からし … お好みで

じつは、揚げずに
混ぜただけのものを
ご飯にのせても美味しい…

1 まずは、
ボウルにA（納豆のたれも加える）と鯖味噌煮缶の具のみを入れてよく混ぜ、餃子の具を作る

2 つぎに、
餃子の皮に具をのせ、まわりをぬらし二つに折ったら、フォークの先で押さえながらしっかりくっつける

3 さいごに、
フライパンの底2cmまで油を注ぎ、中温に温めたら❷を加え、カラッと揚げる。皿に盛り、醤油とからしを添える

一言メモ　餃子の皮をしっかりくっつけないと揚げているうちに皮が開いちゃうので注意！

鯖缶の和風アヒージョ

材料(2人分)

A
- ねぎ(スライス) … 1/2本
- しいたけ(スライス) … 2個
- オリーブオイル … 100cc
- にんにく(つぶす) … 2片

B
- 鯖水煮缶 … 1缶
- 塩 … 小さじ1/3
- 鶏がらスープの素 … 小さじ1/3

1 まずは、
フライパンに **A** を入れてひと煮立ちさせる

2 つぎに、
1 に **B** を入れ、鯖を粗くつぶして煮立たせ、味をなじませる

3 さいごに、
2 を器に注ぎ、お好みでフランスパンを添える

アヒージョって和風の食材でも合うんだね!

一言メモ 鯖水煮缶以外に、鮭の水煮缶でも美味しく作れるよ! お好みで赤唐辛子を入れても◎

レモン香るツナパテ

材料(2人分)

- ツナ缶 … 1缶
- A
  - アンチョビ … 3g
  - クリームチーズ … 30g
  - 玉ねぎ(みじん切り) … 1/4個
  - にんにく(すりおろし) … 小さじ1/2
  - レモン汁 … 小さじ1
  - レモンの皮(すりおろし) … 少々
  - 塩 … ふたつまみ
  - 黒こしょう … 少々
- クラッカー … お好みで

1 まずは、

油を切ったツナ缶とAをよく混ぜ、冷蔵庫で冷やす

2 さいごに、

器に盛り、クラッカーを添える

レモンをゆずに代えても!

一言メモ ▷ サンドイッチの具にしたり、焼いたフランスパンにのせてもンンンまい〜!

あさり缶の酒蒸し風

材料(2人分)

A ┌ アサリ缶 … 1缶
　├ ブロッコリー … 1/2株
　├ にんにく(スライス) … 1片
　├ 赤唐辛子(輪切り) … 1/2本
　├ 酒 … 大さじ1/2
　└ 薄口しょうゆ … 小さじ1/2
　　塩 … 適量
　　バター … 5g

アサリ缶を使うから
砂抜き不要で楽チン！

1 まずは、
耐熱皿にAを入れてふんわりラップをし、500Wで2分レンジ加熱する

2 つぎに、
1のラップをはずし、更に1分半レンジ加熱する

3 さいごに、
軽く混ぜ合わせ、塩で味を調えたら仕上げにバターをのせる

一言メモ ブロッコリーを、千切りキャベツや春菊にしても旨い！

ホタテ缶の酸辣湯

材料 (2〜3人分)

A
- ホタテ缶 … 1缶
- 鶏がらスープの素 … 大さじ1/2
- 水 … 400cc

B
- しいたけ(スライス) … 2個
- 豆腐(さいの目切り) … 150g
- 酒 … 大さじ1

C
- 醤油 … 大さじ1
- 酢 … 大さじ1と1/2
- 塩 … 適量

D
- 片栗粉 … 小さじ1
- 水 … 小さじ1

- 卵 … 1個
- ラー油 … お好みで
- 水菜 … お好みで

1 まずは、
鍋に**A**を入れて火にかけ、ひと煮立ちしたら**B**を加える

2 つぎに、
具材に火が通ったら**C**を加えて味を調え、よく混ぜた**D**を加えてとろみをつける

3 さいごに、
2に溶き卵を少しずつ流し入れたら器によそい、ラー油と水菜をお好みで加える

> 一言メモ：酢の量はお好みで調整してね！具材にたけのこをプラスすると本格的に◎

激旨ソースの作り方

スティック野菜に添えるだけ

コラム 1

タバスコアボ味噌

アボカド … 1/4個 ※潰す
味噌 … 小さじ1
にんにく … 小さじ1/2
タバスコ … 好みの量
⇨ アボカドをよく潰し、材料をよく混ぜる

ジャン味噌マヨ

マヨネーズ … 大さじ2
豆板醤 … 小さじ1
味噌 … 小さじ1
砂糖 … 小さじ1
にんにく … 小さじ1/2
⇨ 材料をよく混ぜる

アンチョビマヨ

アンチョビ … 2枚(6g) ※細かいみじん切り
マヨネーズ … 小さじ2
砂糖 … 小さじ1/4
にんにく … 小さじ1/2
黒こしょう … 少々
⇨ アンチョビを細かく刻み、材料をよく混ぜる

3章 CHAPTER 3
Vegetables

野菜

食卓に一品はとりいれたい
野菜のおつまみ18品！
ほんの一手間で、ガラッと
美味しく変わるんです！
コスパもよいよ〜！

生ハムのマスタードマリネ焼き

1 まずは、
長ねぎは6等分し、斜めに切り込みを入れておく。ナスは横に切り、縦にそれぞれ3等分する

2 つぎに、
フライパンに油をひき、Aを入れたらフタをして、トロトロになるまで弱火でじっくり焼く

3 さいごに、
保存袋にBを入れてよく混ぜたら、2を加え、空気を抜いて冷蔵庫で2時間ほど漬ける。マリネが冷えたら、ねぎとナスを生ハムで巻く

材料 (2人分)

A
- 長ねぎ … 1本
- ナス … 1本

B
- 砂糖 … 小さじ1/2
- オリーブオイル … 小さじ2
- 醤油 … 小さじ1/2
- にんにく(すりおろし) … 小さじ1/2
- 粒マスタード … 小さじ1

生ハム … 8枚

一言メモ 弱火でじっくり焼くことで、ねぎがとっても甘くなる！3のタレは、仕上げにかけても◎

白菜のレンジ蒸し

材料（2人分）

A ┃ 白菜（ざく切り）… 1/6個（400g）
  ┃ ベーコン（角切り）… 150g
  ┃ 塩 … ふたつまみ

黒こしょう … 少々
バター … お好みで

汁まで絶品な白菜蒸し！
洗い物も少なくて最高〜っ

1 まずは、
耐熱皿にAをのせてラップをする

2 つぎに、
1を500Wで10分レンジ加熱したら扉を開けずに3分間放置する

3 さいごに、
2をざっくり混ぜ、黒こしょうを振る。お好みでバターを溶かしても美味しい

一言メモ 1の時に白菜とベーコンが交互になるようにのせていくと、より美味しく仕上がるよ！

味のりブロッコリー

材料(2人分)

ブロッコリー … 1株
塩 … 少々
味のり … 好きなだけ
ごま油 … 大さじ2
塩 … 適量

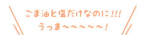
ごま油と塩だけなのに!!!
うっま～～～～!

1 まずは、

ブロッコリーを一口サイズにカットし塩を入れたたっぷりのお湯で、3分ほど湯がく

2 つぎに、

1のブロッコリーの水気をよく切り、皿に盛ったら、細かくちぎった味のりを散らす

3 さいごに、

フライパンにごま油を入れて熱したら2のブロッコリーにかけ、塩を散らす

一言メモ ▶ 味のりにごま油が染みて、最高に美味しい韓国のりみたいになるよ!

もちもち大根モチ

材料 (2人分)

大根 (すりおろす)
　… 1/3本 (300g)

A:
- ツナ缶 … 1缶
- ピザ用チーズ … 100g
- 鶏がらスープの素 … 小さじ1
- 塩こしょう … 少々
- 薄力粉 … 大さじ3
- 片栗粉 … 大さじ3

醤油 … お好みで
七味 … お好みで

一口サイズで焼いてもいいし
大きい1枚にして焼いても！

1 まずは、
大根おろしは水気を軽く絞っておく
(300gが180gになる)

2 つぎに、
ボウルに①の大根おろしとAを入れて
よく混ぜたら、一口サイズの円形に形
成する

3 さいごに、
油をひいたフライパンに②をのせ、フタ
をして弱火で5分焼く。裏返して3分焼
き、焦げ目をつけたら皿に盛る！ お
好みで醤油や七味をかける

一言メモ　チーズの代わりに紅ショウガを加えて焼き、ソースとマヨネーズをかけても◎

じゅわウマ大根揚げ

材料(2人分)

大根 … 1/3本(300g)

A[
鶏がらスープの素 … 小さじ1
にんにく(すりおろし) … 小さじ1
]

片栗粉 … 適量

B[
塩 … お好みで
七味 … お好みで
青ねぎ … お好みで
]

油 … 適量

お好みでマヨネーズも！

1 まずは、
大根を長さ7cm、幅1cmのスティック状にカットする

2 つぎに、
保存袋に大根とAを入れて30分漬けたら、片栗粉をまぶす

3 さいごに、
フライパンに底から2cmまで油を入れ2を高温で3分ほど揚げる。皿に盛ったらBを振りかける

一言メモ　醤油・みりん・和風だしの素で作ったあんをかければ、揚げ出し大根に！

新じゃがのバター甘味噌

材料 (2〜3人分)

- 小さめの新じゃが … 300g
- バター … 10g
- A
  - 味噌 … 小さじ2
  - 醤油 … 小さじ1
  - みりん … 小さじ2
  - 砂糖 … 小さじ1

アツアツのうちに食べると皮がプチッと弾けるゥ!

1 まずは、
新じゃがを半分(大きめなら1/4)にカットして耐熱皿に入れ、ふんわりラップをかけて、500Wで3分レンジ加熱する

2 つぎに、
バターをひいたフライパンに1を入れ焦げ目がつくまで炒める

3 さいごに、
2にAを加え、水分がなくなるまで炒める

一言メモ ▶ もちろん普通のじゃがいもでも美味しく作れるよ〜っ!

野菜

レンチンかぼちゃサラダ

材料(2人分)

A
- かぼちゃ(5mmの厚さにスライス) … 1/4個(200g)
- 玉ねぎ(スライス) … 1/2個

B
- ツナ缶 … 1缶
- マヨネーズ … 大さじ3
- 鶏がらスープの素 … 小さじ2/3
- 塩 … 少々
- 黒こしょう … 少々
- 粉末バジル … 適量

1 まずは、
耐熱皿にAを入れラップをして500Wで5分レンジ加熱する

2 つぎに、
1の水分を捨てる

3 さいごに、
2にBを混ぜる

ホットでも！冷やしても！

一言メモ　材料のツナを抜き、ベーコンやソーセージを加えて作っても◎

しいたけの照り焼き

材料(2人分)

- しいたけ … 6個
- A
  - 醤油 … 大さじ1
  - みりん … 大さじ1
  - 砂糖 … 小さじ1
  - 酒 … 大さじ1
- B
  - 七味 … 適量
  - 卵黄 … 1個

卵黄をかけずにマヨネーズを添えても！

1 まずは、
しいたけの軸をカットし、油をひいたフライパンで両面焼く

2 つぎに、
しいたけに火が通ったらAを加えてタレをよく絡める

3 さいごに、
2を皿に盛り、上からBをかける

一言メモ ▶ ひき肉と炒め玉ねぎ、片栗粉を混ぜた肉ダネをしいたけに詰めて焼いてモンまい〜！

野菜

豆苗カルボナーラ

材料(2人分)

A[
- にんにく(みじん切り) … 1片
- ベーコン(短冊切り) … 50g
]
- 豆苗 … 1袋

B[
- 卵 … 1個
- 粉チーズ … 25g
- 鶏がらスープの素 … 小さじ1/3
- 塩 … ひとつまみ
]
- 黒こしょう … 少々

豆苗はすぐに火が通るので 卵液は事前に作っておこう！

1 まずは、
油をひいたフライパンにAを入れ、ベーコンがカリッとするまで炒める

2 つぎに、
1に豆苗を加え、強火でさっと炒める

3 さいごに、
豆苗に火が通ったらBを加えて火を消し、とろりとするまで手早く混ぜ合わせる。皿に盛り、黒こしょうを振る

一言メモ ▶ 1に鷹の爪を足して炒め、塩こしょうだけで味付けすれば豆苗ペペロンチーノに！

お好み野菜のにんにく醤油和え

材料(2人分)

A
- 醤油 … 大さじ2
- 砂糖 … 小さじ1/2
- 和風だしの素 … 小さじ1/3
- にんにく(すりおろし) … 小さじ2

B
- ナス(半月切り) … 1本
- 玉ねぎ(スライス) … 1/2個
- しめじ … 1/2株
- 赤パプリカ(スライス) … 1/2個
- 黄パプリカ(スライス) … 1/2個

1 まずは、
ボウルにAを入れてよく混ぜておく

2 つぎに、
油をひいたフライパンでBを炒める

3 さいごに、
1のボウルに2の野菜を入れて、よく和える

野菜はお好みのものでOK!
水煮されてるキノコで
作っても美味しいよっ

一言メモ ▶ にんにくはチューブではなく、生にんにくをすりおろしてみて！香りと辛みがまんまい！

野菜

ピリ辛キャベツ

材料 (2人分)

A
- 醤油 … 小さじ2
- 鶏がらスープの素 … 小さじ1
- ラー油 … 小さじ1
- 豆板醤 … 小さじ1/2
- にんにく(すりおろし) … 小さじ1
- 塩 … ひとつまみ

キャベツ(ざく切り) … 1/4個(300g)

1 まずは、
ボウルにAを入れてよく混ぜておく

2 つぎに、
鍋に湯を沸かし、キャベツを入れて1分間茹で、すぐに取り出す

3 さいごに、
1のボウルに水気を切った2を入れて、よく和える

キャベツを茹でるのが面倒だったら500Wで3分レンチン！

一言メモ ▷ 茹で時間が1分なのは、シャキシャキな食感を残すため！シャキうま〜！

アボカドとみょうがの和え物

材料(2人分)

アボカド … 1個

A
- みょうが(千切り) … 1個
- ごま油 … 小さじ1
- めんつゆ … 大さじ1

B
- レモン … お好みで
- わさび … お好みで

ラー油を足せばちょっと中華風に！

1 まずは、
アボカドを半分に切り、種を取りのぞいて実をくりぬく。実はさいの目にカットする

2 つぎに、
ボウルに1とAを入れて、やさしく和える

3 さいごに、
皿に2を盛り、お好みでBを添える

一言メモ　くりぬいたアボカドの皮を容器として使えば、見た目もオシャレな一品に◎

野菜

ピーマンのまるまる煮

材料(2人分)

A
- 醤油 … 大さじ3
- みりん … 大さじ2
- 砂糖 … 大さじ1/2
- 和風だしの素 … 小さじ1/2
- 生姜(スライス) … 1片
- 水 … 500㎖

ピーマン … 8個

冷めるまで放置することで味がよく染みるよ～っ

1 まずは、
小鍋にAを入れてひと煮たちさせる

2 つぎに、
1に、洗ったピーマンを入れ、キッチンペーパーなどで落し蓋をして弱火で10分煮る

3 さいごに、
2が冷めるまで待ち、器に盛る

― アレンジver ―
ナス2本を縦にカットして皮目に切り込みを入れ、油で焼いたものを加えて作ると、よりンンンまい～！

一言メモ ▷ ピーマンのヘタも種も気にしなくていいんです！そのまま煮ちゃっていいんです！

枝豆のバター醤油焼き

材料 (2人分)

冷凍枝豆 … 130g
バター … 10g
醤油 … 小さじ1

生の枝豆を使う場合は、塩を適量まぶして揉み熱湯で湯がいてから使用してね

1 まずは、
枝豆は、さっと熱湯で湯がくか、流水解凍しておく

2 つぎに、
熱したフライパンにバターを溶かし、1を入れて炒める

3 さいごに、
枝豆のさやに焦げ目がついてきたら醤油を加え、なじむまで炒める

一言メモ ▷ 枝豆とにんにく、唐辛子をオリーブオイルで炒め、塩で味付ければペペロンチーノ風！

野菜

枝豆のピリ辛醤油漬け

材料(2人分)

A:
- 醤油 … 大さじ2
- 砂糖 … 小さじ1
- 和風だしの素 … ひとつまみ
- ラー油 … 小さじ1
- 水 … 大さじ3
- にんにく(つぶす) … 1片

冷凍枝豆 … 150g

アレンジver
水大さじ3、わさび小さじ2、白だし大さじ1で漬けると枝豆のわさび漬けに!

① まずは、
枝豆は、さっと熱湯で湯がくか、流水解凍しておく

② さいごに、
保存袋に①の枝豆とAを入れて空気を抜き、冷蔵庫で半日漬ける

一言メモ ▶ 両端をキッチンばさみでカットすると、味染みがよくなるよ!

油揚げの納豆味噌焼き

材料（2人分）

厚めの油揚げ
　… 1枚（薄い物なら2枚）

A
- 納豆 … 1パック
- 味噌 … 大さじ1
- ねぎ（みじん切り）… 1/2本
- ピザ用チーズ … 30g

油揚げを先に焼いて、
Aの具材をあとのせしてもよいよ〜！
かつお節・キムチ・しらすなどを
加えても美味しい！

1 まずは、
油揚げは縦長の袋状になるように、包丁で切り開く

2 つぎに、
1にAを混ぜたものを詰める

3 さいごに、
油をひいていないフライパンに2をのせ、フタをして両面バリバリになるまで中火で焼く。食べやすい大きさにカットして皿に盛る

一言メモ ▶ 油揚げは、厚みがある物のほうがバリバリに仕上がってンンンまい！

野菜

臭みゼロ！煎り蒟蒻

材料(2人分)

- 蒟蒻 … 1枚
- 塩 … 適量
- ごま油 … 適量
- A
  - 醤油 … 大さじ1
  - みりん … 大さじ1
  - 酒 … 大さじ1
  - 和風だしの素 … 小さじ1/4
  - にんにく(すりおろし) … 小さじ1
  - 唐辛子(半分に切る) … 1本
- かつお節 … お好みで

蒟蒻を炒めた時のカラカラ音はしっかり水分が抜けた合図！

1 まずは、

蒟蒻に塩をまぶし、ふにゃふにゃになるまで手で揉んだら、一口サイズにちぎる

2 つぎに、

鍋に湯を沸かし、❶を3分茹でたら、ごま油をひいたフライパンに入れてカラカラと音がするまで蒟蒻を炒める

3 さいごに、

❷にAを加え、水分がなくなるまで炒めたら皿に盛り、かつお節をかける

一言メモ　しっかり下処理をした蒟蒻は臭みゼロで、ぷりっぷりの食感に！サイコーにンンンまい！

するめたまこん

材料（2人分）

- たま蒟蒻 … 300g
- 塩 … 適量
- A
  - さきいか … 20g
  - 醤油 … 大さじ2
  - みりん … 大さじ2
  - 水 … 400cc
  - 鷹の爪（輪切り） … 1本

1 まずは、

たま蒟蒻に塩をまぶし、よく手で揉んだら熱湯で3分茹でる

2 さいごに、

鍋に1とAを入れ、キッチンペーパーで落し蓋をする。中火で20分煮て冷めるまで待つ

冷めるまで待つことで味がよく染みるぅ～ッ

一言メモ するめからいいだしがでるのでだしの素などを加えなくても旨味たっぷり！

4章

CHAPTER 4
Egg
Tofu
Cheese

卵 豆腐 チーズ

やみつきになる卵・豆腐・チーズ料理20品をご紹介！
お酒、めちゃめちゃすすみます…
食べ過ぎ＆飲み過ぎ注意〜！

ふわふわだし巻き卵

材料(2人分)

はんぺん … 50g
卵 … 1個
A ┌ 卵 … 1個
  │ 青ねぎ(輪切り) … 適量
  │ 和風だしの素 … 小さじ1/3
  └ 水 … 40cc

ねぎ以外に、シラスやチーズ明太子などを入れても！

1 まずは、
保存袋にはんぺんを入れ、なめらかになるまで揉んだら、先に卵1個を加えて更に揉む。そこにAを加えてよく混ぜる

2 つぎに、
油をひいた卵焼きフライパンに1を半分流し、軽くスクランブルエッグ状にする

3 さいごに、
固まってきたら手前に巻き、残りの卵液も足して巻く

一言メモ　はんぺん効果で冷めてもふわふわなので、お弁当などに入れるのもよいよよいよ〜！

トマトソースの目玉焼き

材料（2人分）

A [にんにく（スライス） … 2片
　　玉ねぎ（スライス） … 1/3個
B [トマト缶 … 150g
　　鶏ガラスープの素 … 小さじ1/2
　　塩 … ふたつまみ
　　卵 … 2個
　　バゲット … お好みで

＼最後にチーズをかけても／

1 まずは、
油をひいたフライパンに **A** を入れて、玉ねぎがしんなりするまで炒める

2 つぎに、
1 に **B** を加えて煮詰め、ソースを作る。塩で味を調える

3 さいごに、
2 に卵を2個割り入れ、フタをして弱火で5分加熱する。焼いたバゲットで卵とソースをすくいながら召し上がれ！

一言メモ ▶ タバスコを振って、ピリ辛にしてもンンンまい〜！卵の固さはお好みで調節してね！

ジャーマンポテサラ

材料 (2人分)

じゃがいも … 1個 (150g)
きゅうり … 1/3本

A
- ベーコン (角切り) … 50g
- 玉ねぎ (スライス) … 1/4個
- にんにく (みじん切り) … 1片

B
- マヨネーズ … 大さじ2
- 粒マスタード … 大さじ1/2
- 鶏がらスープの素 … 小さじ1/4
- 塩 … 少々
- 黒こしょう … 少々

温泉卵 … 1個

1 まずは、
じゃがいもは皮をむき、8等分したら500Wで3分レンジ加熱する。きゅうりは塩を振り、10分後に水分を絞る

2 つぎに、
フライパンに油をひき、Aを炒める

3 さいごに、
ボウルに1と2の具材、Bを加えて混ぜる。皿に盛って、温泉卵をのせる

一言メモ ▶ 卵は、少し固めの半熟卵でも美味しい！黄味を絡めながら召し上がれ〜！

ふんわり卵のアボカド炒め

材料(2人分)

ごま油 … 適量

A
- 卵 … 2個
- かにかま(割く) … 4本
- マヨネーズ … 小さじ2

アボカド(種を取り、さいの目に切る) … 1個

B
- 醤油 … 小さじ1/2
- 酒 … 小さじ1
- 鶏がらスープの素 … 小さじ1/2
- 塩 … ひとつまみ

黒こしょう … 少々

1 まずは、
フライパンにごま油を少し多めに入れて熱したら、よく混ぜたAを流し、中火で大きく混ぜながら火を入れる

2 つぎに、
1の卵を30秒ほど炒めたらアボカドを投入し、更に炒める

3 さいごに、
卵が半熟になったらBを加えて味をつける。皿に盛り、黒こしょうを振る

すばやく混ぜると、細かいそぼろ状の卵になっちゃう！大ざっぱに動かして！

一言メモ　卵にマヨネーズを入れることで、ふんわりとした卵に仕上がるんだ！

フライドエッグ

材料 (3個分)

生パン粉 … 適量
卵(常温に戻す) … 3個
ウスターソース … お好みで
サラダ油 … 適量

だいたい卵は2〜3分を
目安に揚げるといいよ〜！

1 まずは、

15cm×15cmにカットしたクッキングシートに生パン粉を適量のせたら、その上に卵を落とし、更に生パン粉をまぶす

2 つぎに、

鍋にサラダ油を入れ、170℃に熱したら1をクッキングシートごと油に入れる。ある程度パン粉が色づいてきたらそっとクッキングシートを剥がす

3 さいごに、

きつね色になるまで揚げたら、油を切って皿に盛り、ウスターソースをかける

一言メモ　お好みで、千切りキャベツやマヨネーズを添えてね！

長芋と卵のふわふわ焼き

材料(2人分)

- 長芋 … 150g
- A
  - 卵 … 1個
  - 白だし … 小さじ1
  - 明太子 … 1/2腹
  - 大葉(千切り) … 3枚
- 刻みのり … お好みで

1/2腹は明太子のこれ1個分のこと！

1 まずは、
袋に長芋を入れて麺棒で細かめに砕いたら、Aを加えて揉み混ぜる

2 つぎに、
ごま油をひいたフライパンに1を入れ、フタをして中火で5分焼く

3 さいごに、
表面が固まり、裏面に焼き色が付いたらひっくり返すように皿に移し、刻みのりを散らす

一言メモ ふわふわすぎるので両面焼かずに食卓へ！我が家じゃフライパンごと出しちゃう(笑)

巣ごもりキャベツサラダ

材料(2人分)

A [
- キャベツ(千切り) … 150g
- 鶏がらスープの素 … 小さじ1/2
- 塩 … ひとつまみ
- にんにく(すりおろし) … 小さじ1/2
]
- 卵 … 1個
- 黒こしょう … 少々

とろ〜り卵黄を絡めながら召し上がれ〜!

1 まずは、

ボウルにAを入れてよく混ぜたら耐熱皿にのせ、ふんわりラップをして500Wで1分半レンジ加熱する

2 つぎに、

1のキャベツの中央をへこませ卵を落としたら、つま楊枝などで黄身に3箇所穴をあける

3 さいごに、

2にふんわりラップをして500Wで3分30秒レンジ加熱し、黒こしょうを振る

一言メモ ▶ 仕上げにバターを溶かしても◎ レンジによって加熱時間に誤差が出るので調整を!

ごま味噌味玉

材料 (5個分)

卵（常温にもどす）… 5個

A:
- 味噌 … 80g
- 醤油 … 小さじ1
- 砂糖 … 大さじ2
- ごま油 … 大さじ1

七味 … お好みで

マヨネーズをちょっとつけても

1 まずは、

小鍋にお湯を沸騰させたら、少し火を弱めそっと卵を入れ、また火を強くする。再び沸騰してから6分半茹でる

2 つぎに、

1を冷水にとり、殻をむく

3 さいごに、

保存袋にAを入れ、よく混ぜたら水気を切った2の卵を入れ、冷蔵庫で一晩漬ける。お好みで七味を振る

一言メモ ▶ Aにおろしにんにくを小さじ1入れると、また風味が変わって美味しいよ〜！

ピリ辛ねぎラー油豆腐

材料(2人分)

ごま油 … 適量

A
- ねぎ(みじん切り) … 1本
- にんにく(みじん切り) … 1片

B
- 醤油 … 小さじ1
- みりん … 小さじ1
- 酒 … 大さじ1
- 鶏がらスープの素 … 小さじ1/4
- 豆板醤 … 小さじ1/4

ラー油 … 大さじ1/2
豆腐 … お好みのもの

1 まずは、
ごま油をひいたフライパンにAを入れて炒める

2 さいごに、
1にBを加えて炒め、味が全体になじんだら火からおろしてラー油を加える。お好みの豆腐に好きなだけかけて召し上がれ!

3〜4日冷蔵保存可能!

一言メモ ▷ このねぎだれ…とっても万能! ご飯にかけてもよし! トマトや納豆にかけてもよし!

ねばうま だし豆腐

材料(2人分)

A:
- きゅうり(いちょう切り) … 1本
- 茹でたオクラ(輪切り) … 5本
- 長芋(角切り) … 5cm
- みょうが(みじん切り) … 1個
- 大葉(千切り) … 5枚
- がごめ昆布(細切り) … 10g
- めんつゆ … 100cc
- 砂糖 … 小さじ1/2

豆腐 … お好みのもの

1 まずは、
大きめの瓶や容器を熱湯消毒する

2 さいごに、
Aを入れて軽く振り混ぜ、冷蔵庫で半日〜1日漬ける。お好みの豆腐に好きなだけかけて召し上がれ！

青唐辛子1本を入れて作ると辛うま〜で食が進む!!

一言メモ　かつお節を加えて作ってもンンンまい！ご飯やそうめんにかけても！

豆腐でとろける鶏つくね煮

材料 (2〜3人分)

A
- 鶏ひき肉 … 150g
- 木綿豆腐 … 150g
- 卵 … 1個
- ニンジン(みじん切り) … 1/4本
- えのき(みじん切り) … 1/4個
- 醤油 … 小さじ2
- 片栗粉 … 大さじ1
- 生姜(すりおろし) … 小さじ1

- 油揚げ … 4枚
- パスタ … 数本

B
- 醤油 … 大さじ1と1/2
- みりん … 大さじ1と1/2
- 砂糖 … 小さじ2
- 和風だしの素 … 小さじ1/2
- 水 … 400cc

中に入れる野菜はお好みでアレンジしてね

1 まずは、
ボウルにAを入れてよく混ぜる

2 つぎに、
油抜きをした油揚げを半分に切り、1の具材を7分目まで詰めたら切り口をパスタで並縫いするように留める

3 さいごに、
鍋に2の油揚げとBを入れ、水分が半分以下になるまで弱火で煮る

一言メモ > 木綿豆腐は水切り不要！落し蓋をして煮ると全体に味がよく染みるよ〜！

ジャンマヨ豆腐ステーキ

材料(2人分)

- 木綿豆腐(水切りをする) … 200g
- 片栗粉 … 適量
- A
  - マヨネーズ … 大さじ1と1/2
  - コチュジャン … 大さじ1
  - 醤油 … 小さじ1と1/2
  - みりん … 小さじ1と1/2
  - 鶏ガラスープの素 … 小さじ1/2
- 青ねぎ … お好みで

1 まずは、
水切りをした木綿豆腐にまんべんなく片栗粉をまぶす

2 つぎに、
油をひいたフライパンに1を入れ、表面がカリカリになるまで中火で焼く

3 さいごに、
火を弱めAを加えて手早く和える。皿に盛り、お好みで青ねぎを散らす

豆腐はお好みで絹に変えても!

一言メモ　すりおろしにんにくを入れると、風味がUP！豆板醤を加えてもっと辛くしても◎

豆腐のふわふわ蒸し

材料 (2人分)

- はんぺん … 50g
- 豆腐 … 150g
- A
  - 卵 … 1個
  - 椎茸(スライス) … 2個
  - 醤油 … 小さじ1/2
- B
  - 醤油 … 小さじ2
  - 鶏がらスープの素 … 小さじ1/3
  - 水 … 80cc
- 青ねぎ … 適量
- ごま油 … 大さじ1

1 まずは、

ビニール袋にはんぺんを入れてなめらかになるまで揉んだら、豆腐を加えて更に揉む

2 つぎに、

1にAを足して揉み混ぜたら、ラップを敷いたどんぶりに流し、ラップをして500Wで4分レンジ加熱する

3 さいごに、

2をひっくり返して皿に出し、500Wで1分半レンジ加熱したBをかける。青ねぎを散らし、熱したごま油をかける

レンゲで汁ごとすくってほおばって〜!

一言メモ ▶ 1にかにかまや三つ葉を足して作ると、色どりもうまみもUP!

チーズ豆腐

材料(2〜3人分)

A
- 絹豆腐 … 100g
- クリームチーズ … 100g
- 砂糖 … 大さじ1/2
- 塩 … ひとつまみ

B
- 豆乳 … 40cc
- ゼラチン … 3g

- 黒こしょう … 少々
- クラッカー … お好みで
- はちみつ … お好みで

絹豆腐は水切り不要！

1 まずは、
ボウルにAを入れてよく混ぜる

2 つぎに、
Bを耐熱コップに入れてよく混ぜ、500Wで30秒電子レンジで加熱したら1に加えて混ぜ、冷蔵庫で2時間冷やす

3 さいごに、
器にスプーンですくった2を盛り付け黒こしょうをかける。クラッカーにのせ、はちみつをかけて召し上がれ！

 塩やわさび醤油で食べても美味しいよ〜！焼いたフランスパンにのっけても◎

BCTアヒージョ
ベーコン・チーズ・トマト

材料 (2人分)

- A
  - オリーブオイル … 150cc
  - 鷹の爪 … 1本
  - にんにく(スライス) … 3片
- B
  - ベーコン(角切り) … 100g
  - マッシュルーム(スライス) … 1パック
  - 塩 … 小さじ1/3
- C
  - トマト(スライス) … 1個
  - カマンベールチーズ(6等分) … 1個
- バジル … お好みで

1 まずは、
小鍋にAを入れ、弱火にかけて香りを移す

2 つぎに、
1にBを加え、中火で加熱する。火が通ったら塩を加え味を調える

3 さいごに、
2にCを加え、チーズが溶けるまで加熱する。お好みでバジルを散らす

バゲットに合う〜っ

一言メモ 残った具とチーズで、パスタを作ると、激ウマなクリームパスタに!

モッツァレラミルフィーユ鍋

材料（2人分）

- キャベツの葉 … 2〜3枚
- 豚バラ肉 … 150g
- A
  - トマト缶 … 200g
  - めんつゆ … 大さじ2
  - 塩 … ふたつまみ
- モッツァレラ（スライス）… 1個

半分の量をどんぶりに入れれば電子レンジでもできちゃう！

1 まずは、

キャベツの葉と豚肉を、4回ほど交互に重ねて5cm幅に切る。これを材料がなくなるまで繰り返す

2 つぎに、

フライパン（鍋でも）にAを入れてよく混ぜ1を敷き詰めたら、モッツァレラを隙間に挟むように詰める

3 さいごに、

フタをして中火で3分、フタを取って5分ほど煮る

一言メモ ▶ 豚バラは、ベーコンやハムに変更しても◎ その場合は塩を減らして作ってね〜！

レンチンチーズせんべい

材料(2人分)

韓国のり
　…4枚（1枚を半分にカットする）
スライスチーズ
　…2枚（1枚を4つにカットする）

チーズは焼くとのび〜るタイプのチーズを使うとザクザクに！

伸びないスライスチーズを使うとパリパリに！

1 まずは、
クッキングシートに韓国のり2枚分（4つ）を並べる

2 つぎに、
1の韓国のりの上にスライスチーズ1枚分（4つ）をのせる

3 さいごに、
500Wで1分20秒レンジ加熱して粗熱をとったら完成！残りの材料も同様に作る

> 一言メモ　材料はチーズと韓国のりだけ！レンジによって火力に違いが出るので注意してね！

ガリチーキャベツ

材料(2人分)

- オリーブオイル … 適量
- キャベツ … 1/4個
- 酒 … 大さじ2
- A
  - スライスチーズ … 2枚
  - 牛乳 … 30cc
  - 鶏がらスープの素 … 小さじ1/2
  - にんにく(すりおろし) … 15g
- 黒こしょう … 少々

にんにくはできれば生のものをすりおろしてほしい！香りが全然違う！

1 まずは、

オリーブオイルをひいたフライパンに縦にカットしたキャベツを入れて焼き両面に焼き目をつけたら、酒を加えてフタをし中火で3分蒸し焼きにする

2 つぎに、

耐熱容器に **A** を入れて、500Wで1分レンジ加熱し、ソースを作る

3 さいごに、

皿に❶のキャベツをのせ、❷のガリチーソースをかけ、黒こしょうを振る

一言メモ　実はこのガリチーソース…焼いた鶏肉やハンバーグにかけて食べても絶品なんです…

めちゃ旨バジルチーズ

材料（2人分）

A
- プロセスチーズ（それぞれ6等分）… 4個
- バジル（刻む）… 3g
- オリーブオイル … 70cc
- 塩 … 小さじ1/4
- 黒こしょう … 少々
- にんにく（すりおろし）… 小さじ1

1 まずは、
Aを保存袋に入れ優しく揉み混ぜる

2 さいごに、
空気を抜いて、冷蔵庫で1週間寝かせる

刻んだトマトと和えたり…
パスタに入れたり…
サラダにかけたり…
カナッペにのせたり…
アレンジは無限大!!!!

一言メモ　混ぜて1週間待つだけのお手軽レシピなのに、めちゃ旨！バジルは是非、生のものを！

モッツァレラの醤油漬け

材料(2人分)

A
- モッツァレラ（半分にカット）… 1個
- きゅうり(乱切り) … 1本
- 醤油 … 大さじ1
- 砂糖 … 小さじ1/2
- ごま油 … 大さじ3
- にんにく(すりおろし) … 小さじ1

実はこのレシピ、ニンジンやセロリなどお好みの野菜をじゃんじゃん漬けていただけます！

1 まずは、
保存袋にAを入れて冷蔵庫で半日漬けておく

2 つぎに、
1のモッツァレラを、スライスする

3 さいごに、
漬けておいたきゅうりとモッツァレラを皿に盛って完成！

一言メモ ▶ モッツァレラに味を染み込ませると、こんなにも美味しいのか!?!?と驚く一品

コラム 2

解凍してフライパンで焼くだけ！
お手軽！冷凍調理おつまみ

鶏もも肉 + 玉ねぎ編

鶏のハニーマスタード

鶏もも肉(1口サイズにカット) … 1枚
玉ねぎ(千切り) … 1/2個
醤油 … 大さじ1と1/2
酒 … 大さじ1
はちみつ … 大さじ1と1/2
粒マスタード … 大さじ1
レモン汁 … 小さじ2

⇨ 保存袋に材料をすべて入れて冷凍する。
解凍したらフライパンに入れ
水分がなくなるまで炒める。
エリンギを加えて炒めてもンンンまい〜！

甘じょっぱい味わい〜

鶏の塩レモン

鶏もも肉(1口サイズにカット) … 1枚
玉ねぎ(千切り) … 1/2個
レモンスライス … 1/2個
鶏がらスープの素 … 小さじ2
オリーブオイル … 大さじ1

⇨ 保存袋に材料をすべて入れて冷凍する。
解凍したらフライパンに入れ
水分がなくなるまで炒め、塩で味を調える。
アスパラを加えて炒めてもンンンまい〜！

レモンでさわやか

豚薄切り肉＋玉ねぎ編

ポークケチャップ

豚薄切り肉 … 250g
玉ねぎ(千切り) … 1/2個
ケチャップ … 大さじ4
醤油 … 小さじ1/2
砂糖 … 小さじ1
酒 … 大さじ1
鶏がらスープの素 … 小さじ1
にんにく(すりおろし) … 小さじ1

⇨ 保存袋に材料をすべて入れて冷凍する。
解凍したらフライパンに入れ
水分がなくなるまで炒める。
仕上げにタバスコを振ってもンンンまい〜！

ピリ辛が合う
ケチャップ味

豚の塩ガーリック

豚薄切り肉 … 250g
玉ねぎ(千切り) … 1/2個
酒 … 大さじ1
鶏がらスープの素 … 小さじ2
にんにく(すりおろし) … 小さじ1
しょうが(すりおろし) … 小さじ1
ごま油 … 小さじ2

⇨ 保存袋に材料をすべて入れて冷凍する。
解凍したらフライパンに入れ
水分がなくなるまで炒め、塩で味を調える。
青ねぎを加えて炒めてもンンンまい〜！

丼にしても!!

ちょっぴりメモ：美味しい調理の仕方
食べる日の朝に冷凍庫から冷蔵庫へ移し、
ゆっくり解凍してからフライパンで炒めると◎
流水を袋に当てながら解凍してもよいよ〜！

フムフム

コラム 2

鮭 + 無糖ヨーグルト + 玉ねぎ編

味噌ヨーグルト鮭

鮭(それぞれ3等分) … 2匹
無糖ヨーグルト … 大さじ4
味噌 … 大さじ2
にんにく(すりおろし) … 小さじ1/2
玉ねぎ(スライス) … 1/2個
⇨ 保存袋に材料をすべて入れて冷凍する。
解凍したら漬けだれを取り除いた鮭を
フライパンに入れて焼き、皿に盛る。
玉ねぎを炒め、火が通ったら残った
漬けだれを加えて味付けをし、皿に盛る。

タンドリー鮭

鮭(それぞれ3等分) … 2匹
無糖ヨーグルト … 大さじ4
醤油 … 小さじ2
砂糖 … 小さじ1
鶏がらスープの素 … 小さじ1/2
カレー粉 … 小さじ1
にんにく(すりおろし) … 小さじ1/2
⇨ 保存袋に材料をすべて入れて冷凍する。
解凍したら漬けだれを取り除いた鮭を
フライパンに入れて焼き、皿に盛る。
玉ねぎを炒め、火が通ったら残った
漬けだれを加えて味付けをし、皿に盛る。

5章

CHAPTER 5
Rice
Noodles
Pizza

ご飯、麺、冷や汁、ピザまで…
ついおかわりにしたくなる
お腹大満足の〆料理11品です！

とうもろこしごはん

材料 (2合分)

米 … 2合

A:
- とうもろこし … 1本（半分にカットし実を削ぐ）
- ベーコン（さいの目切り）… 100g
- 酒 … 大さじ1
- 塩 … 小さじ1/2
- 水 … 380㎖

バター … 適量
醤油 … 適量

とうもろこしはこうやって削ぎ落とすよ〜!

1 まずは、
米を洗い、30分水に浸したらザルにあげて水気を切る

2 つぎに、
フライパンに1の米とAを入れ、強火にかける。沸騰したら弱火にしてフタをし、10分加熱する

3 さいごに、
音がパチパチしてきたら強火にして1分加熱し、火を止めて10分蒸らす。茶碗にご飯をよそい、バターと醤油をかける

 一言メモ　とうもろこしの芯からよいだしがでるので一緒に炊こう! ちなみに炊飯器でも作れる!

和のガパオライス

材料 (2人分)

A
- 豚ひき肉 … 200g
- にんにく(みじん切り) … 1片

B
- ネギ(みじん切り) … 1/2本
- しいたけ(スライス) … 4個
- 春菊(ざく切り) … 100g

C
- ナンプラー … 大さじ1
- 醤油 … 大さじ1
- 砂糖 … 小さじ1/2
- オイスターソース … 小さじ1

- ご飯 … 適量
- 目玉焼き … お好みで

① まずは、
油をひいたフライパンでAを炒める。肉の色が変わったらBを加え、更に炒める

② つぎに、
①にCを加えて炒め、全体に味をつける

③ さいごに、
皿にご飯を盛り、②の具材をのせ、お好みで目玉焼きを添える

春菊はまさに和のバジル!!!

一言メモ ▶ ナンプラーの香りが苦手な方は大さじ1/2にして、その分醤油を足してね!

ツナと練りごまの冷や汁

材料 (2人分)

A
- ツナ缶 … 1個
- 味噌 … 大さじ2
- 白練りごま … 大さじ2
- 白すりごま … 大さじ1
- 和風だしの素 … 小さじ2/3
- 水 … 300cc

B
- きゅうり(潰し割る) … 1/2本
- みょうが(スライス) … 1個

温かいご飯 … 適量

1 まずは、
小鍋にAを入れてひと煮立ちさせたら、粗熱を取り、冷蔵庫で冷やす

2 つぎに、
1が程よく冷めたらBを加え、食べるまで冷蔵庫で冷やしておく

3 さいごに、
温かいご飯に2をかける

冷やさず、アツアツのままご飯にかけても美味しい

一言メモ ▶ 千切りの大葉を乗せても◎ ツナ缶で作るからお手軽にできちゃう〜!

ガーリックチャーハン

材料(2人分)

A[
- にんにく(スライス) … 4片
- バター … 20g
]

- 炊いたご飯 … 1合分

B[
- 醤油 … 大さじ1/2
- 鶏がらスープの素 … 小さじ1/2
- 塩 … 少々
- こしょう … 少々
]

- 青ねぎ … お好みで

1 まずは、

フライパンにAを入れて弱火にかける。バターが溶けたらご飯を加え、強火でご飯を押すようなイメージで炒めて混ぜる

2 さいごに、

米がパラパラになってきたらBを加えて更に炒め、全体になじんだら皿に盛って青ねぎを散らす

具材はにんにくだけなのに満足感たっぷり！

一言メモ 青ねぎを一緒に炒めても！さいごに味見をして、塩で味を調えてね

梅味噌焼きおにぎり

材料(4個分)

ご飯 … 1合分

A
- 大葉(千切り) … 5枚
- 白ごま … 大さじ1
- 和風だしの素 … 小さじ1/2

B
- 梅(種を除き、叩く) … 10g
- 味噌 … 10g
- みりん … 小さじ1
- 砂糖 … 小さじ1

Bを倍量にして両面に塗っても!!

1 まずは、
ご飯にAを加えて、さっくり混ぜたら4等分にして三角に握る

2 つぎに、
フライパンにクッキングシートを敷き1のおにぎりをのせたら、中火で両面焦げ目がつくまで焼く

3 さいごに、
2の片面にBを混ぜた梅味噌を塗って下にし、焦げ目がつくまで焼く

一言メモ｜梅は、塩のみで漬けてあるものを使用しているよ。その他の場合は味を調整してね!

生姜の佃煮茶漬け

材料（2〜3人分）

- 生姜（皮をむきスライス）… 150g
- A
  - しいたけ（スライス）… 4個
  - 醤油 … 大さじ3
  - みりん … 大さじ3
  - 砂糖 … 大さじ1と1/2
  - 酒 … 大さじ3
- ご飯 … 適量
- お茶 … 適量

生姜だけでも作れるよ！
新生姜でもOK！

1 まずは、
小鍋にお湯を沸かし、生姜を入れて3分茹で、水を切る

2 つぎに、
フライパンに1の生姜とAを入れ、煮汁が少し残るくらいまで中火で加熱し、冷蔵庫で一晩寝かせる

3 さいごに、
ご飯に佃煮をお好みの量のせてお茶をかける

一言メモ　少し甘めの仕上がりになっているので、お好みで砂糖の量を調節してね！

坦々油そば

材料 (2人分)

A
- 豆板醤 … 大さじ1/2
- にんにく(みじん切り) … 1片
- 鷹の爪(輪切り) … 1本

豚ひき肉 … 200g

B
- 醤油 … 大さじ1
- 砂糖 … 大さじ1と1/2
- 赤だし味噌 … 大さじ1と1/2

C
- 醤油 … 大さじ2
- ごま油 … 大さじ1
- ラー油 … 大さじ1/2
- 鶏がらスープの素 … 小さじ1/2
- 白練りごま … 大さじ2(30g)
- 白すりごま … 大さじ1

中華太麺 … 2玉
茹でたもやし … 1袋分
青ねぎ … お好みで

1 まずは、

油をひいたフライパンにAを入れ弱火で香りを移したら、豚ひき肉を加えて炒め、Bで味付けをする

2 つぎに、

ボウルにCを入れてよく混ぜたら、たっぷりの湯で茹でた中華太麺を入れて和える

3 さいごに、

皿に2の中華太麺と茹でたもやしを盛り付け1の肉味噌をのせる。お好みで青ねぎを添える

一言メモ　結構辛め＋濃いめの味付け！Cの材料に豆乳を足すとマイルドな仕上がりに！

アンチョビ焼きそば

材料(2人分)

焼きそば麺 … 2袋
A[アンチョビ … 10g
   にんにく(みじん切り) … 1片]
B[ベーコン(角切り) … 100g
   しめじ … 1株]
C[鶏がらスープの素 … 小さじ1/2
   塩 … 少々
   黒こしょう … 少々]
粉末バジル … お好みで

1 まずは、
焼きそば麺の袋を少し破り、500Wで2分レンジ加熱しておく

2 つぎに、
油をひいたフライパンにAを入れて弱火で香りを移したら、Bを加えて炒める

3 さいごに、
2に焼きそば麺とCを入れて炒めたら、皿に盛って、お好みで粉末バジルをかける

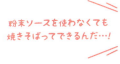

粉末ソースを使わなくても焼きそばってできるんだ…！

一言メモ ▶ 個人的な話ですがマヨラーなので皿の縁にマヨネーズ＋七味を添えて食べてます！笑

チンジャオかた焼きそば

材料(2人分)

- A
  - 豚こま肉(千切り) … 150g
  - ピーマン(千切り) … 2個
  - メンマ … 1/2瓶
  - にんにく(すりおろし) … 小さじ1
- B
  - 醤油 … 小さじ2
  - オイスターソース … 大さじ1/2
- C
  - 水 … 150cc
  - 片栗粉 … 小さじ2
- 焼きそば麺 … 2玉

タレが少なめの分量なので
お好みで醤油・オイスターソース
水溶き片栗粉を増やしてね！

1 まずは、

油をひいたフライパンにAを入れて炒め、火が通ったらBを加えて味付けし、よく混ぜたCを加えてとろみをつける

2 つぎに、

焼きそばの袋に切れ目を入れ、500Wで2分レンジ加熱してほぐす

3 さいごに、

油をひいたフライパンに2を入れて両面をカリカリに焼いたら、皿に盛り1のチンジャオあんをかける

 たけのこに比べて、メンマは安くてうまみたっぷりなのでチンジャオロースにぴったり！

旨辛つけ蕎麦

材料 (2人分)

- A
  - 豚ひき肉 … 150g
  - にんにく(すりおろし) … 小さじ1
  - ねぎ(スライス) … 1/3本
- B
  - 醤油 … 70cc
  - みりん … 70cc
  - 砂糖 … 小さじ2
  - 豆板醤 … 小さじ1
  - 白ごま … 大さじ2
  - 水 … 400cc
- 蕎麦 … 2束
- 刻みのり … お好みで
- ラー油 … たっぷり

1 まずは、
小鍋にAを入れて、肉の色が変わるまで炒めたら、Bを加えてひと煮立ちさせる

2 つぎに、
蕎麦はたっぷりのお湯で湯がく。水でしめたら器に盛り、刻みのりをのせる

3 さいごに、
1のつけ汁を器に盛り、ラー油をたっぷりかければ完成!

 一言メモ そうめんやうどんでもンンンまい!ラー油がいい仕事をしてるのでたっぷりどうぞ!!

薄焼きピザ

材料 (2人分)

- A
  - 強力粉 … 50g
  - ホットケーキの粉 … 50g
  - オリーブオイル … 小さじ1
  - 塩 … ひとつまみ
  - 水 … 50cc
- ソース … お好みで
- 具 … お好みで
- チーズ … お好みで

強力粉はこねることで弾力が出るんだ！

1 まずは、
ボウルにAを入れて5分ほどよく混ぜる（できれば5分ほどこねる）

2 つぎに、
4等分にして、麺棒などで薄く延ばしたら、油をひいてないフライパンにのせ、両面に焼き目が付くまで弱火で焼く

3 さいごに、
市販のソースやケチャップと、お好みの具とチーズをのせたら魚焼きグリルに入れ、焦げ目をつける

一言メモ グリルに入れるとすぐに焦げ目がつくので、生の具材は火を通しておこう！

6章 CHAPTER 6 Sweets

菓子

ティラミスアフォガートに、ホワイトチョコサラミ、メイプルスパイシーナッツ…めちゃ美味しくて、映えるお菓子が10品！スイーツオールスターズ、アッセンブル！

ザクザクスパイシービスコッティ

1 まずは、
ボウルにAを入れてよく混ぜたら高さ2〜3cmの楕円形に形成する

2 つぎに、
クッキングシートを敷いたフライパンに①をのせ、フタをして極弱火で10分、裏返して10分焼く

3 さいごに、
包丁で1cm幅にカットしたら、クッキングシートに立てるように間隔をあけて並べ 500Wで5分レンジ加熱する

材料 (2〜3人分)

A
- 薄力粉 … 100g
- 砂糖 … 40g
- 卵 … 1個
- お好みのナッツ（刻む）… 30g
- ドライフルーツ … 30g
- ベーキングパウダー … 4g
- カルダモン … 小さじ1/4
- シナモン … 小さじ1/4

ワインやホットミルクに浸しながら召し上がれ

一言メモ ▶ ドライフルーツは前日のうちにラム酒漬けしてもンンンまい〜！

菓子

オレンジブラウニー

材料(2〜3人分)

- オレンジ … 1個
- 砂糖 … 小さじ2
- A
  - 板チョコレート(刻む) … 2枚
  - バター(常温) … 40g
- B
  - 卵 … 2個
  - アーモンドプードル … 30g
  - 砂糖 … 大さじ2
  - くるみ(刻む) … 50g
  - 純ココアパウダー … 大さじ2
  - 薄力粉 … 50g
  - ベーキングパウダー … 小さじ1/2

―― ブランデーシロップの作り方 ――
耐熱皿に水30cc、砂糖15gを入れ500wで1分加熱したら冷ます。そこにブランデーを小さじ2〜3加える

1 まずは、
オレンジはよく洗い、3mmの厚さにスライスして砂糖と一緒に耐熱皿に入れ、500Wで2分30秒レンジ加熱する

2 つぎに、
耐熱皿に**A**を入れて500Wで40秒加熱し、よく混ぜて溶かしてボウルに移す。そこに**B**と**1**の汁を大さじ2加えてよく混ぜる

3 さいごに、
クッキングシートを敷いたフライパンに**2**を流し、**1**のオレンジをのせ、蓋をして25分極弱火で焼く。10分蒸らし、取り出して冷ます

一言メモ ぼくはブランデーシロップをたっぷり塗り、ラップをして一晩寝かせるのが好き！

菓子

大人のフルーツパンチ

材料(2人分)

A ┌ お好みの果物 … 350g
　├ 砂糖 … 大さじ2
　├ ブランデー … 大さじ2
　└ ミント … 1g
　 サイダー … 適量
　 ミント … お好みで

今回はパイナップル・いちご・メロン・ぶどう・オレンジを入れてみたよ〜！

1 まずは、
保存袋にAを入れて軽く混ぜ冷凍庫で凍らせておく

2 さいごに、
グラスに1の果物とシロップを入れ、サイダーをそっと注ぐ。お好みでミントを添える

一言メモ　お酒に浮かべたり、そのまま食べても美味しい！アイスクリームを添えても◎

ラムキャラメルのフレンチトースト

材料 (2人分)

A
- 食パン (4つ切り) … 1枚
- 卵 … 1個
- 砂糖 … 20g
- 牛乳 … 100cc
- バニラエッセンス … 少々

B
- ラム酒 … 30cc
- レーズン … 30g

C
- キャラメル … 30g (約6個)
- 生クリーム … 40cc

1 まずは、
保存袋にAを入れて、半日冷蔵庫で漬けたら油をひいたフライパンで両面焼く

2 つぎに、
前日のうちに保存袋にBを入れてラムレーズンを作っておく。大きめの耐熱の器にBとCを入れ、500Wで1分半レンジ加熱する

3 さいごに、
2をよく混ぜたら、更に30秒加熱し、あつあつのフレンチトーストにかける

一言メモ ▷ キャラメルソースは、固めなら牛乳を足し、緩めなら追加加熱してね！

ティラミスアフォガート

材料(2人分)

A
- 無糖ヨーグルト … 20g
- クリームチーズ(常温) … 30g

- バニラアイス … 100g
- カステラ(さいの目切り) … 1〜2切れ

B
- インスタントコーヒー … 大さじ1
- 湯 … 70cc

1 まずは、
保存袋にAを入れてよく揉んだら、バニラアイスを加え更に揉み冷凍庫に入れる。1時間ごとに揉むのを3回ほど繰り返す

2 さいごに、
カップにカステラを敷き、1のアイスをのせBを混ぜた濃いめのコーヒーをかける

＼アイスは甘さ控えめなのでお好みで砂糖を加えてね！／

一言メモ ▶ 先にAをよく混ぜておかないとアイスと合わせた時にダマができやすいので注意！

5分でできるお好みラスク

材料（食パン1枚分）

食パン6枚切り … 1枚

※【カレー味】バター … 12g、カレー粉 … 小さじ1/2、にんにく（すりおろし） … 小さじ1/2、鶏がらスープの素 … 小さじ1/4

※【ガーリックトマト味】バター … 12g、トマトジュース … 大さじ1、にんにく（すりおろし） … 小さじ1/2、鶏がらスープの素 … 小さじ1/4、パセリ … 少々

※【ハニーレモン味】バター … 12g、砂糖 … 小さじ2、はちみつ … 10g、レモン汁 … 小さじ1/2、レモンの皮（すりおろし） … 1/3個分

1 まずは、
食パンを包丁で30等分したら、クッキングシートに重ならないように並べ500Wで1分30秒～2分レンジ加熱する

2 つぎに、
フライパンに作りたいラスクの材料（※）を入れて中火で溶かしたら、1の食パンを投入し、絡める

3 さいごに、
2をクッキングシートに出して冷ます

一言メモ　レンジによって加熱のパワーが違うので、様子を見ながら加熱してね！

ホワイトチョコサラミ

材料 (2人分)

- ホワイトチョコ … 1枚
- バター（常温）… 15g
- A
  - ドライフルーツ … 30g
  - お好みのナッツ（刻む）… 30g
  - クッキー（砕く）… 1枚
- 粉砂糖 … 適量

粉砂糖は、溶けにくいものをつかうとよいよ〜！

1 まずは、

耐熱皿にホワイトチョコを入れて500Wで40秒加熱し、よく混ぜて溶かしたらバターを加えてよく練る

2 つぎに、

1にAを加えてざっくり混ぜたら、ラップにのせて棒状になるように固定し冷蔵庫で1時間ほど冷やす

3 さいごに、

2に粉砂糖をまぶし、食べやすい大きさにカットする

一言メモ　角切りにしたクリームチーズを加えて作ってもンンンまい〜！

うムレーズン羊羹

材料 (2〜3人分)

A [ラム酒 … 50cc
    レーズン … 50g]

B [水 … 100cc
    粉寒天 … 2g]

C [こしあん … 200g
    砂糖 … 30g
    クルミ (乾煎りする) … 20g]

1 まずは、
前日のうちに、**A**を合わせて、ラムレーズンを作っておく

2 つぎに、
小鍋に**B**を入れて火にかけ、弱火で3分沸騰させたら**C**を加えてよく混ぜる

3 さいごに、
ラップを敷いたタッパーに**2**を流し、冷蔵庫で2時間冷やし固め、好みのサイズにカットする

砂糖は黒糖に代えてもンンンまい〜！

一言メモ ▷ 水と粉寒天を2分間沸騰させる事で、「固まらない・ムラができる」といった失敗を防ぐよ！

ブランデーボール

材料 (8個分)

くるみ (刻む) … 15g
板チョコ (刻む) … 1/2枚 (25g)
A ┌ カステラ … 2切れ (60g)
  │ アーモンドプードル … 15g
  └ ブランデー … 大さじ1〜2
板チョコ (刻む) … 1/2枚 (25g)

＼ 丸めた後に一度冷やし固めると作業しやすいよ〜！ ／

1 まずは、

くるみはフライパンで乾煎りしておく。チョコは耐熱皿に入れて500Wで30秒レンジ加熱し、よく混ぜて溶かしておく

2 つぎに、

ボウルにAと1のくるみ・チョコを入れてよく混ぜ合わせる。8等分に丸めて冷蔵庫で冷やす

3 さいごに、

チョコを耐熱皿に入れて500Wで30秒レンジ加熱し、よく混ぜて溶かしたら、2の丸めた生地に絡めて、冷蔵庫で冷やす

一言メモ ▷ チョコのコーティングが大変なら、ココアパウダーをまぶすだけでも◎

メープルスパイシーナッツ

材料(2人分)

- ミックスナッツ … 100g
- メープルシロップ … 大さじ2
- A[塩 … ひとつまみ
    あらびき黒こしょう … 少々]

1 まずは、
フライパンにミックスナッツを入れて乾煎りする

2 つぎに、
1にメープルシロップを加え、絡めるように加熱する

3 さいごに、
メープルシロップが粉っぽくなったらAを全体にまぶす

一言メモ ▷ 甘じょっぱいナッツに、ピリッと黒こしょうが美味しい〜！お好みのナッツで作ってね

コラム 3

お菓子にひと手間加えて!
食感が楽しい超速おつまみ

ばりばり柿ピー

砂糖 … 35g
はちみつ … 15g
醤油 … 小さじ1/4
水 … 大さじ1/2

⇨ 材料をフライパンでボコボコ泡が立つまで煮たら、柿の種80gを加えて手早く絡める。クッキングシートの上に薄く広げて冷まし、食べやすい大きさに割る

ガーリックチーたら

チーたら … 10本
にんにく(すりおろし) … 小さじ1/2
塩こしょう … 少々

⇨ チーたらに材料をまぶしたら、クッキングシートの上に間隔を空けて並べ、500Wで2分ほどレンジ加熱して冷ます

ホワイトチョコクッキー

ホワイトチョコ … 1/2枚
片栗粉 … 小さじ2

⇨ ホワイトチョコを耐熱皿に入れて500Wで40秒レンジ加熱したら、よく混ぜて溶かし、片栗粉を加える それをクッキングシートにスプーンで薄く広げ、500Wで50秒ほどレンジ加熱して、冷ます

ぼく

1988年福島県生まれ、AB型。東京在住のイラストレーター。
筋トレとお酒とゲームが好き。寝ることはもっと好き。
地元の菓子業界で4年半の修行の後、上京して何故かアニメ会社に就職。
映画やアニメの背景を描くアニメーターとして勤務。
2013年8月からTwitter上で公開したレシピイラストが話題となり、
現在フォロワーが22万人を突破。
著書に『ぼくのおやつ』『ぼくのごはん』（共にワニブックス）
『ぼくのからだによいおやつ』（KADOKAWA）など。

ぼくTwitter：@boku_5656
ぼくブログ：https://www.bokuno.work

ぼくのおつまみ天国
パラダイス

2019年8月5日　第1刷発行

著　者	ぼく
発行者	佐藤　靖
発行所	大和書房
	〒112-0014　東京都文京区関口1-33-4
	電話　03(3203)4511
デザイン	APRON（植草可純、前田歩来）
撮影	片桐圭
盛り付け	両角舞
調理スタッフ	両角舞、髙橋結、荻生唯、松岡裕里子
校正	鷗来堂
本文印刷	光邦
カバー印刷	歩プロセス
製本所	ナショナル製本
編集担当	大野洋平

©2019 Boku, Printed in Japan
ISBN978-4-479-92132-5
乱丁・落丁本はお取替えいたします
http://www.daiwashobo.co.jp